La Logorrhée du poète ou l'Histoire des Camerouns en 33 gouttelettes

Bill F. Ndi

Langaa Research & Publishing CIG
Mankon, Bamenda

Publisher:
Langaa RPCIG
Langaa Research & Publishing Common Initiative Group
P.O. Box 902 Mankon
Bamenda
North West Region
Cameroon
Langaagrp@gmail.com
www.langaa-rpcig.net

Distributed in and outside N. America by African Books Collective
orders@africanbookscollective.com
www.africanbookscollective.com

ISBN-10: 9956-764-58-2

ISBN-13: 978-9956-764-58-7

© Bill F. Ndi 2018

All rights reserved.
No part of this book may be reproduced or transmitted in any form or by any means, mechanical or electronic, including photocopying and recording, or be stored in any information storage or retrieval system, without written permission from the publisher

Table des matières

La logorrhée...1
Quelle mission !... 3
Ah ! Mon A-Fric !... 4
Ouï-dire vs. Réalité... 5
Le début... 6
Par Refus... 7
Mon oppresseur et moi-même................................. 8
Mon Frère et mon Blème... 9
Le Sang Anglophone.. 10
Les Sieurs et leurs pages.. 11
Le fourbe, la division, les maths,
et Moi-même.. 12
La débilité de l'indivisibilité.................................. 13
Négro et Nègre... 14
La Raison qu'ont-ils... 15
Par Devoir de Liberté.. 16
Laboure Ton Champ Mon Frère............................ 17
Beau Mensonge.. 18
Le p'tit et son cri occulté.. 19
Pétales aux rires... 20
Pour Me.. 21
Besoin de divorce... 22
L'humour macabre... 23
Les Vieux Séniles... 24
L'arrogance par ignorance..................................... 25
A toi le dégonflé... 26
Le Faiblard face à mon désire................................ 27
Il y aura demain... 28
Les Calculs selon mon frère................................... 29
Il y aura Confirmation... 30
Bombe à Retardement.. 31
L'épargne des doués.. 32

Mon Voisin le criminel 33
Le Perfide et divagation 34

La logorrhée

Puisque j'en souffre, laisse-moi te le vomir
Puisque sans le faire ne vais-je que gémir
Ne cherche point pourquoi dis-je cette vérité
Car pour de vrai bonheur n'ai-je que cette clef.

Choisissant la voie de la médiocrité
Aurais-tu cru au pouvoir de m'éreinter
Par peur de te faire évincer par cette voix
Dont la force, de justesse, seule enterre ton poids

Voulant, de moi, faire le plus petit crapaud
Je porte comme flambeau mon mirifique chapeau
Que pour rien au monde, sauve la véracité,
Ne me l'enlèverais-je par servilité

Dans ce petit coin d'enfer que tu, au fait,
Me fais cadeau fielleux t'y prépare-je ta fête !
N'ignore-je point ta posture de poltron virile
Même si à tes yeux, ne suis-je qu'une vermille

Qui sous des cieux de vrais hommes serait chéri.
Or sur ta parcelle ? Des hommes sont tous pourris
Sauf des crapauds qui ne jouent point aux lèche-culs
Corrompus buvant nos sangs en guise de jus

D'où les pleurs d'un Sembène pour son beau peuple
Ou d'un Alioum ne voyant que des cercles
Dans ses tropiques d'aujourd'hui hypothéquées
Pour la gloire de pères qui rêvent d'être friqués.

Encore que ne te demande-je point permission
De faire glisser ma langue qui est ma mission
De t'étancher les d'oreilles bon gré mal gré
Puisque ne veux-je plus être ton pré carré.

Quelle mission !

En poésie suis-je à la chasse
Des maux injustes pour faire de phrases
Composées des lettres dites belles
Ne cherchant pour rien, des querelles
Mais engagées pour nettoyer
Cette beauté d'antan dépouillée
Par la mainmise des corrompus
Qui boivent nos sangs comme du pur jus
Or, œuvrer ainsi attire bien
D'ennuis qui nuit et hante le lien
Soudé par les bouts de mots justes
Que je tisse pour tracasser
Le tympan d'oreilles vétustes
De ces vieux loubards obsédés.

Ah ! Mon A-Fric !

Sans fric tu nous es trait très cher
Et apporte grand espoir d'une mère
Dont les seins nous servirent de source
Quand nos pleurs d'enfants sans ressources
Nous montrèrent nos fidèles amis
Et bien plus nos pires ennemis
Qui à l'écart voudraient nous voir
Succomber vu que des bêtes-noires
Nous sommes dans leurs prés-carré ;
Que d'ailleurs nous sommes bêtes de prés
A la merci de tortionnaires
Déguisés en haut fonctionnaires
Désignés pour tirer le miel
De sorte que germe en nous le fiel.

Ouï-dire vs. Réalité

L'enfer, entendis-je dire était réelle
Mais ignorais-je la verdure de la belle
Voisine haute comme tableau impressionnant
Qui me donnait l'envie ensommeillant
Endormant mon esprit de fougue sérieux
Pour que j'oublie ce pâturage véreux
Où donc vis-je en ce requin empoigné
Par la gloire du vieux désireux vautour
Au vouloir de faire taire tout troubadour
Mais dans cette prise refuse-je de pleurnicher
Et y fais à contrario mon terrain
De combat sans fin pour gagner du pain
Et me nourrir de la sueur de mon front
Seule réalité que j'eusse d'odieux comme don.

Le début

Ma venue n'aurait été qu'un début
Du retour qu'aucune personne n'y aurait crû
Lors duquel rencontrer ce clown à sept
Tête produirait tous les jours une grande fête
Bouillonnant dans le cerveau de ma plume
Dévêtue de tout ce qui est costume ;
Ne fus-je point né avec de vêtements
Pour qu'à visage nu portes-je mon testament
Langoureux pour toute oreille attentive
Mais dépêchant un camp à la dérive ;
Çui du lynx se disant indomptable
Tout pour masquer qu'il est incapable
Et mesquin, cultivant grande peur partout
Or ma venue sert aux miens ce ragoût.

Par Refus

Je vis mourant par refus que la mort
Ne triomphe sur moi et m'attribue le tort
D'avoir eu peur de cette destinée,
Dès la nuit du temps, nous ayant été
Forgée pour endurcir le garde-fou
Que nous sommes bien qu'ils nous désignent fous
Et s'éclatent du rire comme s'ils m'eussent réduit
A cette bagatelle que l'on éconduit
Au bon vouloir du seigneur de farceur
Qui s'en est servi de bon tirailleur
Avant de le vomir sans vrombissement
Pour éviter les retentissements
De plaideurs contre cet état de choses
Qui agacent bien plus que l'overdose.

Mon oppresseur et moi-même

On me posa la question de savoir
Pourquoi j'avais voulu comme accessoire
A la vie estudiantine un club dit
Bilingue dans un pays, d'après eux, qui
Est bilingue et pour réponse mon p'tit doigt
Montra mon oppresseur happant le droit
De nous en imposer et désirant
De démunis des applaudissements.
Déplu par mon audace lui tenant tête,
Disant qu'il est imposteur à la tête
De ma chère patrie où il vit à peine,
Il y revint pour livrer de la peine
Devant laquelle le peuple se résigne
Où soutiens-je mordicus qu'il est indigne !

Nos Frères et nos blèmes

Bras croisés, vous parlent-il de nos problèmes :
« Le Problème Anglophone est le problème
De tous les Camerounais », peut-être
Par oubli que nous sommes chefs d'orchestres
Qui entonnons les chants transformateurs
Pour conscientiser les baragouineurs
Qu'ils soient et leurs multiples disciples
Coupables garants ces rudes périples.
Nous ne sommes pas des faciles-à-bercer
Avec des piètres paroles démodées
Que vous tiennent-ils depuis cinquante-cinq ans
Et là, hélas ! Nous ne sommes pas des ânes !
Bien qu'eussions-nous leur calme disposition,
A poil, nous mettons notre vexation.

Le Sang Anglophone

Le sang qui orne l'or noir est anglophone
Mais mes frères francophones crient « à nous tous
Appartient Bakassi et ses ressources
Qui nous permet de faire briller le trône
Du père de la nation » comme si nation
Il y a dans une entité désunie
Où le meurtrier commet son crime honni
Applaudi par la bande de sans vision
Pour qui je ne suis qu'un perdant chemin
Faisant vers le piège de mon destin.
Soif de liberté ? Ce sang comme celui
Du Christ ne coule point pour que je sois cuit
Il peine pour me permettre la jouissance
Dans ce coin où tu me sers la souffrance.

Les Sieurs et leurs pages

A Bamenda l'armée francophone fit
Couler le sang de braves gens ; en tout ? Six.
Il eut la pluie du multipartisme
Y compris celui du fédéralisme
Que quémandent aujourd'hui, ces marchands
Du tribalisme criant à tout vent
Que ces anglophones sont trop demandeurs
Et cherchent à détrôner leurs supérieurs ;
Aberration qu'ils n'ouïront jamais dire ;
Mais voudront transformer le sang en cire
Pour faire brillanter les souliers du roi
Qui leur a permis de chasser ces proies
Qui se revendiquent un héritage
Colonial qui priverait sieurs de pages.

Le fourbe, la division, les maths, et Moi-même

J'avais écarté les mathématiques
Puisque je n'aimais pas la division
Car ce fourbe m'avait tordu la vision
Avec le chant très caractéristique
De contes de fées transformés, aujourd'hui
En cauchemar qui nous coupe le souffle court ;
Avec le choix de l'Hexagone comme recours
Pour écraser ce qui, plus que lui, luit ;
Pour ce, le pot cassé incombe
Aux pages d'absoudre car privés de droits,
Ils endosseront ce fardeau comme leur croix
Et s'ils résistent, c'est l'hécatombe
Qui les traquera pour imposer sa force
Comme le ferait pour un arbre, l'écorce.

La débilité de l'indivisibilité

Ce sous-sol du pays anglophone riche
Devrait être en service pour pourvoir
Aux nantis de l'entourage du pouvoir
De quoi mettre sous la dent comme la quiche.
Et la qualif pour percer ce cercle ?
Il faut être de l'orient de l'Afrique
En miniature qui subtilise le fric
Et nous ligote pour boucler la boucle
De la porte de sortir de son enfer
Soulignant l'indivisibilité
Sous le tyran dont la débilité
L'éconduit à se voir plus fort que fer
Rimant avec le chant de « comment va-t-on
Faire dans les chiottes de tonton poltron ? »

Négro et Nègre

Les intestins du Pays Anglophone
Grouille de l'or noir bouillonnant
Et sa surface boueuse comme élément
Veut naufrager son sieur francophone
Qui spolie les anglophones de tout droit
De l'être comme un mari qui croirait
Que sa femme en le choisissant aurait
Commis un tort lui valant être proie ;
Mais s'avère-t-elle un os dur à croquer
Après s'être laissée bouffer la chaire
Cinquante-cinq ans avant de voir clair
Que ce mari n'est qu'une tête à croquer
Par le franc négrier de l'hexagone
Qui trouve la Tête de Négro très, très bonne.

La Raison qu'ont-ils

Le manger et le boire font flotter de drapeaux
En Afrique où les sans fric ont pour draps des peaux.
Ceux Anglophones au Cameroun en ayant eu marre
Se sont dressés contres ces meurtriers loubards
Dévoreurs de pourritures céfrancs qui mitonnent
Souffrances, misères et consort qu'ils déversent par tonnes
Sur ceux-là ayant, à la veille d'indépendance,
Opté pour l'union à l'époque en toute confiance
Sans s'attendre à être réduit aux objets
Qui dans leur propre pays font objet de rejet
Pardieu ! Ont-ils raison ces anglos que l'ont eu dit
Con à cause que qu'aucun d'entre eux contredit
La répression qu'ils subirent de mains de dictacrats
Qui, somme toute, les prirent pour rien d'autre que des rats.

Par Devoir de Liberté

Ta volonté ne me laisse que dans le mouroir
Or je m'arrache des ailes pour ne pas te revoir
Sur l'espace terrestre que m'aurait sauvegardé
Mon Seigneur pour que je sois de joie débordé ;
Ce qui ta jalousie rend ivre de bombance
Au point que tu cherches à me raser la chance
De peur que l'esclave supposé ne revendique
Ce qui de droit l'embrasse par des envols lyriques
Et le pousse à crier liberté à tout vent.
Et pour toute oreille qui cette chanson entend ?
Ma foi huileuse suinte d'allégresse débordante !
Quitte à déplaire à ton hostilité ardente ;
La vie ? Je n'en ai qu'une et si tu me l'arrache
Dans la lutte, je ne serais pas mort comme un lâche.

Laboure Ton Champ Mon Frère

L'Espagne eut Franco comme le Cameroun ce jour
Jouit de sa famille francophone qui laboure
Les champs de torture contre les siens anglophones
De cons, de fous, de gauchers, de grossiers aphones,
Et mêmes d'ennemis qui, dans la maison, se cachent
D'ailleurs ce ne sont qu'eux, pour autant que l'on sache,
Qui auraient quémandé ce fléau au départ
Pour heur pris or l'habile francophone pour sa part
N'en voulut rien ; mais après avoir du bon vin
Bu, il faut du mensonge multiplier par vingt
Pour que la tyrannie s'agrippe sur la belle prise
Que sont ces anglos à transformer en devise
Qui emplirait les coffres des maçons bien francs
A laminer ces lutteurs de droit très francs.

Beau Mensonge

Ce beau mensonge appelé Cameroun fut-il
Emballé et défendu par effort futile
De voir le python de *Mvomeka* avaler
Le Southern Cameroons après avoir violer
Ses enfants, ses coutumes, ainsi que son sous-sol ;
Les croyant cons qui ne brairont point : ras-le-bol
Mais la droiture dépourvue de cette corruption
Qu'épouse *La République* qui vole avec mention
Obligea ce laissé-pour-compte se raffermir
Et par noblesse digne et intègre du sire
Pour éloigner son vouloir de l'imposteur
De la liberté qui lui donne le haut de cœur
Et que faire le frère simulateur de Molière ?
Il attend voir sortir la griffe de la tanière !

Le p'tit et son cri occulté

Le petit qui fit l'appel n'eut-il que huit ans
Et eut ce drame vécu depuis la nuit du temps
Et eut pour crime d'être né en Ambazonie
Et pour prime le tyran occulta, au monde, son cri
Poussé en étrange langue de gauchers outre-manche
Qui pour les braver laissa retentit une franche
Voix qui méjugea que toute vérité mutile
Et abime la force du mensonge rendu utile
Par la fermeté de l'homme lion de la forêt
Equatoriale qui en marchand du feu follet
Viole en plein jour et se propulse en champion ;
Se soustrayant de son identité d'morpion
Et priant que l'on dorme pour qu'il noue le nœud
Gordien qu'il eut exécuté en meilleur vœux.

Pétales aux rires

Enterre-nous ! Mais sache que ce cri retentira
Bien plus que les mémoires d'outre-tombe ; tempêtera
Et t'emportera aux fins de mettre une bonne fin
A ta tyrannie qui nous noie dans le chagrin
Où le p'tit cri n'est détectable qu'à partir
De la fibre poétique livrant le plaisir
Au silence de mon cœur habillé de blessures
Infligées par tes braqueurs armés à coup sûr.
La liberté, n'étant point à négocier,
Nous donne des envols lyriques qui, en acier,
Nous transforment et nous donnent la voix de sirènes
Pour que dans nos douleurs nous restions sereins
Et dans laquelle sérénité éclaboussèrent
Des pétales aux rires ne souffrant point de misère.

Pour Me Tuer

Il aurait choisi le petit feu comme la brute
Qui ne voit dans mon désire que la cause de lutte.
Ce désire n'étant qu'un droit inaliénable
Ne fait que muscler ma force intarissable
En y soufflant davantage d'oxygène comme fiel
Pour que ma volonté savoure l'exquis du miel.
A mon vouloir j'y tiens et à ta lutte m'en moque
Car les espèces de ton genre sont des loufoques
Qu'aurait un libertaire à traire d'une bouffonnerie
Qui en tout et pour tous ne prône que la beuverie ?
Je refuse une mise en bière causée par la bière
Même si par pénurie tu ne me veux point fier
Je te défie qu'il va falloir monts et merveilles
Pour dérober mon vœu auquel le seigneur veille.

Besoin de divorce

Point de rancœur ! Point de rancune ! plus de cinquante
Cinq ans après que je t'ai serré à cœur joie
Avec l'idée stupide que tu suivras la loi
Sans peur que tu me prendras pour une ignorante
Et m'attaqueras-tu avec tes griffes et tes cornes
Qui me transportèrent au pays de l'unicorne
A l'époque où mon extase d'une amoureuse folle
Ne put être prise pour une obsession bien drôle
Aujourd'hui me suis-je rendu compte de ma faute
Bien grave qui nous renvoie dialoguer de la dot
Ou le divorce pur et simple qu'appelles-tu crime
Oubliant qu'en revanche les tiens domine la cime
Or ce lyrisme ne cherche qu'à les déblayer
Pour que paix puisse régner où tu veux guerroyer.

L'humour macabre

C'est bien drôle lorsque le roi des ignares réclame
Mon sang toute ignorant combien m'eut-il spolié
Pendant quel temps se croyait-il malin lettré
Pour qui ne sonnera jamais le glas sans glam
Et quand mon petit doigt lui fait voir qui de deux
D'entre nous sait lire et comprendre l'écriture
Sur les murs de l'union construits de pourritures
Le roi s'adonne à la violence d'un fou furieux.
D'ailleurs lorsque l'on est fou que nous disent des dates ?
Le premier octobre de mon indépendance
Lui traduit l'occasion d'afficher l'arrogance
Des dictateurs se revendiquant démocrates.
Dans cet océan y-a-t-il suffisamment d'eau
Pour tous et pour qu'il ne touche point à nos réseaux.

Les Vieux Séniles

Ce n'est point l'unité nationale qui dirige
Tes actes de barbaries à notre encontre
Car pour notre liberté fus-tu contre
Ainsi nous dit, haut et fort, l'archive qui t'érige
En prototype de la dictature à outrance
Qui par le passé se déclarait le meilleur
Des élèves de l'imposteur franc, dit dieu d'ailleurs.
Bien plus, tu n'es autre qu'un outil de la France !
La voix, les cris et les pleurs de l'Ambazonia
Retentissent et les échos de la grogne secouent
Les fragiles murs que tu bâtis à tous les coups
Leurrant le monde que c'est des Anglophones qui nia
Ce dialogue. Or, au fait, tu l'eus pris en otage
Avec diabolisme barrant tout reportage.

L'arrogance par ignorance

Oh ! Pauvre petit Camerounais arrogant
Ton ignorance d'histoire te traduit en esclave
Qui rêve de faire de l'Ambazonia son enclave
Pour ce tu deviens la grenouille se voulant
Aussi grand qu'un bœuf oubliant la moquerie
De Jean de la Fontaine, l'écrivain de fables
Qui transforment de maîtres en esclaves à table
Battant des ailes enchantées des lurons qui rient
D'avoir colmatés et opprimés ces quêteurs
De droits inaliénables à l'humanité
Dans la nation où tu berces l'animalité
Dont jouissent tes suppôts qui t'applaudissent menteur
Quand bien même ton espèce fait la caricature
De siens qui dégustent le don de la nature.

A toi le dégonflé

Gonflé hier, aujourd'hui dégonflé te réveilles-
tu après l'heure et au chant d'unification
et me demande-je si la cohabitation
est possible avec un rat auquel tu veilles ?
bien plus, m'appelas-tu l'ennemi dans la maison
ou encore, ne suis-je que deux morceaux de sucre
dans ton océan infesté de tes cancres
pourris et corrompus qui égaient tes saisons ?
encore que de chien et de cafard m'as-tu soigné ,
me demande-je si j'ai la place près de monsieur
propre qui ne digne et ne dort qu'avec des sieurs
qui me te gardent comme plats gourmets à savourer ?
eussé-je en vain pleurer dans *Soleil et ombre*
puisque ma silhouette n'était qu'une pénombre !

Ce Faiblard face à mon désire

M'écrase-t-il, mais écrasera-t-il mon cri frappé
Dans sa mémoire ? La meilleure raison vient du plus
Fort ! Lui crie à l'oreille, l'incompétence qui pue
Et le revêtit de sa force brute adorée
Par lui et les siens qui ne saisissent en ma sorte
Que des vermillonnes qui n'ayant rien de mignon
N'arrivent point à livrer l'extase des champignons
Que lorsque nous sommes gouvernés par un despote ;
Oubliant que ma soif de liberté conduit
Ma passion au désire de mourir autonome
Et qu'aucun tyran ne se dira autochtone
Sur mon lopin natal qu'il veut traduire en nuit.
Peut-être n'as-t-il pas lu les mythologies
Du phénix car il baigne dans la mythomanie.

Il y aura demain

Tu célèbres mon sang qui coule en insinuant
Que nous formons une nation indivisible
Dis-donc ! Cette pénurie de mot m'est risible
Bien qu'issue de macabre carnage délirant
Qu'orchestres-tu puisque tu t'estimes lourdement
Chargé et paré à faire tirer la gâchette
Sur des brebis discréditées tas d'imbéciles
Bien qu'un sage verrait en ces dernières des dociles
Point maniables avec la bouffe à la franquette.
Tu as le droit de laisser ton sort dans les mains
D'autrui comme j'ai le même pour engager ma part
Et me proclamer autonome sans un rancart
Même si tu me répugnes, tu l'accepteras demain
Et laisseras dormir ton désire de mon sang
Et de ma terre et me retrouverais-je au rang.

Les Calculs selon mon frère

Quand j'ai tenté de dialoguer avec mon frère
J'eus été, de tous les noms d'oiseaux, désigné :
Anglo-fou, ennemi, cafard, rat, et gaucher
Or, nous nous sommes unis à basse égalitaire ;
Mon frère abattit l'égalité et le droit
Et m'imposa ces couleuvres d'indivision
Comme si par force je n'ai qu'à me faire avec sa
Barbarie qu'il use pour que je sois en deçà
De l'échiquier rationnel suivant l'équation
Un et un égal deux. Et trois plus trois font six !
Donc, pour mon frère le mien plus le sien deviennent sien
Et je n'ai qu'à me la fermer et languir comme rien
Ne se passait et lui donner une note de dix
Sur dix avec félicitations du jury
Me fichant du sort du peuple en pénurie.

Il y aura Confirmation

Peuple conquis n'est qu'une bombe à retardement
Qui pétera que l'on le veuille ou pas dix milles
Ans après être réduit avec un fusil
A néant. Nul peuple ne peut éternellement
Être endormi par ce mépris dénudé
Du conquérant de par cette ignorance qui crève
Les yeux et conduit au débarras avec verve
Traduisant en temps réel la supériorité
De la patience d'âne très caractériel mais pris
Pour stupidité par l'aveugle arrogant
Qui Patauge dans le brigandage en prétextant
Être au-dessus de tout jugement par mépris ;
Aux aguets demeurent les vigilants miséreux
Visant l'occasion de se confirmer heureux.

Bombe à Retardement

Empiles-tu les insultes toxiques avec régal
Et avec délectation tu ne penses point faire
Gémir ta victime ! Crois-tu pouvoir la faire taire ?
Il ne se peut qu'elle s'exclut du cercle royal
Où ses racines bien profondes étanchent leur soif
Bien que la tienne soit victime, elle est perspicace
Et ne te laissera point érodé son espace
Même si tu penses pouvoir l'écorcher de sa coiffe.
Explosion d'une bombe à retardement n'attend
Que la minuterie pour pouvoir se déclencher
Même si tu lui donnes des noms rattachés à l'idée
Que ton souffre-douleur est en carence dedans ;
Jamais il n'y eut de dictatures éternelles sur
La terre des hommes même si les potentats perdurent.

L'épargne des doués

La bartavelle royale fut la gloire de son père !
Pagnol la décrivit à cœur joie ; par quelle joie
Le jeune liseur ne pouvait ignorer le poids
Du fardeau que lui imposerait à se taire
L'imposteur embrasé par le désire du vol
Et père de la nation s'autoproclama-t-il
Aux tristes fins de masquer sa haine la plus vile
Sous son costard cravate de pendu au nœud drôle ;
Ce vieux mythomane, qui sa profession pratique
Avec ruse qu'il aurait appris de Machiavel,
Cherche, dans ma quête pour ce précieux éclat aux ailes
Battant tambour à la cadence initiatique
D'Afrique, des nids de poux pour me faire échoué
Brimant qu'être libre est l'épargne des doués.

Mon Voisin le criminel

Tu ne me feras pas croire que je ne suis pas
Ce que je sais moi-même être: homme intègre !
Même si tu vaques à me tourner en vinaigre,
Je te dresserais le portrait du léopard
Qui refuse d'être réduit à un herbivore
Par un résigné qui vit dans le marécage
Pour plaire à son cultivateur de l'esclavage
Qui me prend pour de miettes que son esclave dévore
Pourtant suis-je ces arrêts qui te calleront
Dans la gorge pour te descendre dans la tombe
Et ta défense chérie que tu appelles la bombe
Ne me tuerait point même si tu me traite de con ;
Ayant été pourvu de l'arme de l'éternel
Je m'éloignerais de ton béguin criminel.

Le Perfide et divagation

Le perfide revient avec sa divagation
Pour carrément noyer mes revendications
Ayant trouvé les assoiffés pour corrompre
La lutte que nous menons contre les médiocres
Qui ne pensent et ne voient la vie que sous l'optique
Des carafes qui les changent en des pathétiques
Qui ne comprennent pas se diriger vers la bière
Où à l'arrivée, il y aura la mise en bière !
Au pays de miséreux la faim justifie-
t-elle les moyens et colmate tous ceux qui se fient
À cette gloire apportent les indépendances
Où nous n'avons droit qu'à une chose : la dépendance ;
Elle donne jouissance par le biais de la trente trois
Et laisse les enfoirés porter, comme Christ, la croix.

www.ingramcontent.com/pod-product-compliance
Lightning Source LLC
Chambersburg PA
CBHW011957150426
43200CB00018B/2937